krause gedanken

ERICH KRAUSE

LEIDER KEINE MEMOIREN

ANSICHTEN, EINSICHTEN, ALTE UND NEUE KRAUSE GEDANKEN

KRAUSE GEDANKEN, BUCH NR. 7

Der Autor war Lehrer und Schulleiter an Grundschulen. Gedichte macht er zu seinem und zu anderer Leute Vergnügen - manchmal nur zum Spaß, oft aber auch um etwas kritisch, ironisch oder sarkastisch zu betrachten. In diesem thematischen Sammelband sind neue Texte enthalten und solche, die bereits in den unten genannten Büchern enthalten waren und für diese Ausgabe meist überarbeitet und geändert wurden.

Die anderen Bücher mit „krausen Gedanken":

KRAUSE GEDANKEN – Liederbuch Nr. 1 ISBN: 9783739208909

SCHRÄGE VÖGEL – Krause Gedanken und Bilder
(Liederbuch Nr. 2) ISBN: 9783743142046

MEHR KRAUSE GEDANKEN – GEDANKENSPRÜNGE
(Liederbuch Nr. 3) ISBN: 9783744882118

ZEITGEISTERBAHN – KRAUSE GEDANKEN –
BUCH NR. 4   ISBN: 9783749449019

GEDANKENFLÜGE – KRAUSE GEDANKEN –
BUCH NR. 5   ISBN: 9783752862638

VIELLEICHT GIBT ES WAS BESSERES –
KRAUSE GEDANKEN - BUCH NR. 6   ISBN: 9783756200542

Mehr unter www.krause-gedanken.de
oder www.gedankenfluege.de

Bibliografische Information der Deutschen Nationalbibliothek:
Die Deutsche Nationalbibliothek verzeichnet diese Publikation in der
Deutschen Nationalbibliografie; detaillierte bibliografische Daten sind im
Internet über http://dnb.dnb.de abrufbar.

© 2023 Erich Krause

Herstellung und Verlag: BoD – Books on Demand, Norderstedt
ISBN: 9783743165755

INHALT

KEINE MEMOIREN 7
SENIORENTREFF 8
SENIORENTHEMEN 10
DAS ALTER... 12
ALTER MANN 14
ÄLTERER HERR 17
ALLES SPRICHT DAGEGEN.. 18
NOSTALGIE 20
SENIOREN 21
RENTENALTER 22
ALTE LEUTE 23
NICHT DAZUGEKOMMEN.. 24
IMMER MEHR... 26
ERINNERUNGEN 28
UMLEITUNGEN... 29
NACHRUF 30
OFFENE FRAGEN 32
JUBILARGEDICHT.. 33
FLEXIBLES GEBURTSTAGSGEDICHT...................................... 34
FOREVER YOUNG 36
DIE WELT RETTEN... 37
WAS ICH DER WELT ZU SAGEN HÄTTE 38
WIR MACHEN ZU VIEL FALSCH 40
GUTER RAT AN DIE NACHKOMMENDEN.............................. 42
DAS GLÜCK... 44
HEIMAT 46
DER ZUG DER ZEIT.. 47
WENN ICH TOT BIN 48
HOFFNUNG... 50
JEDEM TAG NE ECHTE CHANCE 51

KEINE MEMOIREN

memoirenschreiber haben
bessere gedächtnisgaben
wissen immer zeit und ort
und zitieren wort für wort

auch so mancher hochbetagte
schreibt genau auf, was man sagte
und ich lese dann mit neid
wie es war vor langer zeit

allerdings – ich zweifle dran
dass man alles glauben kann
denn mit absicht oder nicht
ist getrübt vielleicht die sicht

ich erzähl hier keine schwänke
sag, was ich mir manchmal denke
oder was ich dann und wann
mir zusammenreimen kann

es sind hier (auch für die jungen)
ansichten und anmerkungen
neu und aus den letzten jahren –
leider keine memoiren

SENIORENTREFF

ich war noch gar nicht in pension
und auch nicht wirklich alt
da kamen nette briefe an:
ich könnte doch nun bald
bei kirche und vereinen
zum seniorentreffen kommen –
da war ich fast beleidigt
und ich hab mir vorgenommen:

ich geh nicht zum seniorentreff,
nicht morgen und nicht heute
ich geh nicht zum seniorentreff
dort sind nur alte leute

manch jüngerer denkt sehr sozial
und möchte alten leuten
bestimmt gern etwas gutes tun
und will sie in betreuten
treffen gern bespaßen
dass es ihnen freude macht –
und wenn ich ehrlich bin:
so hab ich früher auch gedacht

nun bin ich alt und weise
hab genug beschäftigung
ich geh nicht zum seniorentreff –
ich fühle mich zu jung

na, gut, jetzt so als pensionär
trifft man sich meinetwegen
auch gern mal mit bekannten
oder früheren kollegen
zum kaffeeklatsch, zum essen
und vielleicht auch auf ein bier
doch das ist ganz was anderes –
und deshalb sag ich mir:

ich geh nicht zum seniorentreff
nicht heute und nicht morgen
ich geh nicht zum seniorentreff –
und macht euch keine sorgen

die leute höhern alters
trifft man oft auch bei konzerten
und bei kultur, bei vorträgen
von forschern und gelehrten
sie sind meist sehr interessiert
und sind ja auch nicht dumm
und wär'n sie nicht dabei
gäb's oft zu wenig publikum

ich geh nicht zum seniorentreff
das ist nicht so mein fall
ich geh nicht zum seniorentreff –
man trifft sie überall

SENIORENTHEMEN

was gefragt ist oder nicht
wenn man mit senioren spricht
zeigt die liste ungefähr
(ohne jegliche gewähr):

vieles ist ganz unverfänglich
gut geeignet und hinlänglich
im gespräch erprobt bei tee
wasser, wein, bier und kaffee

manche der sehr unbequemen
schmerzlichen seniorenthemen
sollte man vielleicht vermeiden
wenn senioren drunter leiden

andrerseits muss man auch sagen:
manche möchten gerne klagen
und von leiden und gebrechen
immer sehr ausführlich sprechen

also, bitte seid sensibel
überlegt es euch penibel
sonst erlebt ihr eine pleite –
hier die liste (nächste seite):

arztbesuch, familientreffen
kinder, enkel, nichten, neffen
wetter, frühere berufe
treppensteigen, pflegestufe
gott und welt und physio
garten, fernsehn, nachts aufs klo

enkeltrick, rollator, rente
e-bike, dolce fa niente
altersheime, ruhesitze
zahnersatz, seniorenwitze
krankenhaus und reisebus
und was man noch kann und muss

jubiläen und geschenke
pillen, salben für gelenke
anekdoten, blick zurück
wo es pech war oder glück
teuerung, vergesslichkeit
und wer starb in letzter zeit

schlaf und qualität von betten
ruhewald und grabesstätten
rheumatismustherapie
bücken, rücken, hüfte, knie
hörgerät und neue brille
atemnot und letzter wille

DAS ALTER

das alter kann beschwerlich sein
man klagt oft weh und ach
man hört schlecht und man sieht auch schlecht
auch starke werden schwach

man wird gebrechlich und vergesslich
und findet sachen nicht
man wird vielleicht ein bisschen hässlich –
und oft auch im gesicht

man kriegt vielleicht nicht alles mit
riecht nicht mehr alle düfte
zum trost gibt's oft ein neues knie
und eine neue hüfte

wer glück hat, kriegt genug pension
der arzt zeigt guten willen
und er verordnet physio
und gern auch viele pillen

und trotzdem muss man wieder husten
spürt einen druck in seiner brust
wenn es bergauf geht, muss man pusten
und hat manchmal zu gar nichts lust

man schläft nicht gut, muss oft aufs klo
hat oft auch atemnot –
wenn einem aber gar nichts weh tut
ist man leider tot

ALTER MANN

ich mag mich nicht mehr so wie früher schinden
und beklage manchmal mangelhaftes wohlbefinden
doch ich fühle mich geistig noch ziemlich fit
und kriege fast alles auch richtig mit
und innen drin fühl ich mich ziemlich jung
mancher junge mann hat weniger begeisterung

doch schau ich mich beim rasieren im spiegel an
dann seh ich: ich bin ein alter mann
keine panik, leute, man gewöhnt sich dran

junge, fitte, gescheite leute,
die sehn alles anders aus der sicht von heute
und meinen, sie wüssten ganz gewiss
wo es lang geht und was das beste is'
und denken vielleicht, sie müssten in der tat
alles neu erfinden, zum beispiel das rad

bin ich skeptisch, denken sie – so nehme ich an:
lasst ihn reden, er ist halt ein alter mann
keine panik, leute, man gewöhnt sich dran

manche männer in meinem alter machen
recht viele bemerkenswerte sachen
strampeln sich beim radfahrn gründlich ab
haben weniger pfunde als ich sie hab
sie leben gesünder, ernähren sich richtig
was sie machen, ist sicher auch ganz wichtig

und mancher kann manches, was ich nicht kann –
und trotzdem wird jeder ein alter mann
keine panik, leute, man gewöhnt sich dran

wenn ich mit bekannten zusammensitze,
dann erzählen wir uns keine albernen witze
ihr könnt uns ruhig zuhörn zu jeder zeit
wir philosophieren und wir reden gescheit
doch oft wechselt das thema und jeder klagt
was ihm weh tut und was der doktor sagt

jeder schaut voller mitleid den andern an
und denkt sich: der ist jetzt ein alter mann
keine panik, leute, man gewöhnt sich dran

→ ALTER MANN (SCHLUSS)

im alter spürt man ganz neue schmerzen
in gelenken zum beispiel und am herzen
doch während die jungen bei schmerzen klagen
sind die alten gewöhnt, sie zu ertragen
und gewöhnt, sich darüber zu unterhalten
und so auch die freizeit zu gestalten

gut, dass man darüber reden kann
als alte frau und als alter mann
keine panik, leute, man gewöhnt sich dran

ach ja, die gute alte zeit
man war ja kein kind von traurigkeit
und manche trieben es wirklich toll
mit sex and drugs and rock'n roll
doch auch bei jedem rockergreis
erkennt man deutlich den verschleiß

den rolling stones sieht man's deutlich an:
auch wer ewig rockt, wird ein alter mann
keine panik, leute, man gewöhnt sich dran

ja, lacht nur, ihr jungen, über das, was ich sage
doch ihr werdet's merken – ganz ohne frage –
vielleicht erst später oder schon recht bald:
wer nicht vorher stirbt, ist irgendwann alt

ÄLTERER HERR

nennt man mich einen älteren herrn
so hör ich das nicht wirklich gern
doch gar nicht mag ich – denkt daran –
nennt man mich einen alten mann

es impliziert, ich wär gebrechlich
vielleicht auch geistig etwas schwächlich

ich sprech zwar ab und zu bescheiden
auch über meine altersleiden
und rede selbstironisch dann
von mir als einem alten mann

doch dann – nur dann – wär mir ganz recht
wenn ihr mir freundlich widersprecht

ALLES SPRICHT DAGEGEN

ich hab meinen weg genommen
war dabei nicht sehr in eile
bin nicht flott vorangekommen
hatte doch nie langeweile

merkte dann: jahre vergehen
meistens schneller als man denkt
und hab deshalb – so gesehen –
immer wieder zeit verschenkt

aber alles spricht dagegen
sich deswegen aufzuregen

wollte gern, der sache wegen
meistens auch mit ganzer kraft
dinge ändern und bewegen –
hab es manchmal nur geschafft

wär ja gern berühmt und wichtig
wär ja gern millionen schwer
irgendwie lief das nicht richtig
irgendwie lief das verquer

aber alles spricht dagegen
sich deswegen aufzuregen

alles in ein buch zu schreiben
daran hab ich oft gedacht
ließ es immer wieder bleiben
und hab ein gedicht gemacht

hab auch manchmal was gesungen
manchmal sangen andre mit
und ich hielt es für gelungen –
wurde aber doch kein hit

aber alles spricht dagegen
sich deswegen aufzuregen

zeit, die bleibt, will ich verschwenden
ohne plan und ohne ziel
sollte es auch plötzlich enden
war's eigentlich doch ziemlich viel

zeit, die bleibt, will ich mich freuen
an dem, was ist und was ich kann
statt vergangnes zu bereuen
denk ich lieber nicht mehr dran

alles spricht dagegen
sich noch aufzuregen

NOSTALGIE

was gestern galt, gilt heute oft nicht mehr
was gestern war, vermisst man manchmal sehr
was gestern ziemlich klar und einfach war
ist heute manchmal unberechenbar

was gestern langsam ging, geht oft zu schnell
was gestern matt war, ist heut oft zu grell
was gestern wertvoll war, ist nichts mehr wert
so ist es – oder aber umgekehrt

so ist es – und naiven fortschrittsglauben
das wissen wir, kann man sich nicht erlauben
viel ist nun primitiver, dümmer, seichter –
doch viel, was gestern schwer ging
geht heut leichter

und außerdem muss man es wohl mal sagen:
so manche, die die zustände beklagen
die wären, würd es keinen fortschritt geben
jetzt schlecht dran oder gar nicht mehr am leben

SENIOREN

senioren sind heutzutage
meist bildungsbewusst und mobil
sie fahren weit in der welt umher
und erleben noch ziemlich viel

sie reisen voller tatendrang
und auch voll zuversicht
und allerlei beschwerden
trüben ihre laune nicht

senioren wollen die sonne sehn
sie fühln sich wie neu geboren
wenn sie baden oder spazierengehn
auf mallorca und den azoren

hierzulande bilden senioren gern
schwärme auf der suche nach wärme
man trifft die älteren damen und herrn
zum beispiel in einer therme

senioren haben oft noch viel vor
sie wollen noch lange nicht sterben
das gefällt den sozialen kassen nicht –
und vielleicht auch nicht den erben

RENTENALTER

es hat sich das problem ergeben
dass rentner viel zu lange leben
drum diskutiert man hierzuland
das alter für den ruhestand:

der ruhestand wär viel zu bald
die rentner wärn nicht wirklich alt

senioren würden ja in scharen
ganz munter da und dorthin fahren
und werkeln und im garten graben
und immer neue pläne haben

das sei verschwendung, denn die meisten
könnten doch echte arbeit leisten

selbst siebzigern, heißt es sodann
sieht man das alter meist nicht an
sie sind oft noch sehr fingerfertig
und ziemlich geistesgegenwärtig

man könnte ihnen zugestehen
dass sie trotzdem in rente gehen

ALTE LEUTE

von alten Leuten reden wir nicht
es gibt nur noch senioren
wer versehntlich von alten leuten spricht
schämt sich und kriegt rote ohren

alte leute – das klingt nach problem
senioren, das klingt viel feiner
es klingt respektvoll und angenehm –
und macht die probleme kleiner

über senioren redet sich leicht
da kann man auch scherze machen
wenn wir reden, wie's alten leuten geht
gibt's nicht so viel zu lachen

NICHT DAZUGEKOMMEN

früher war ich besser drauf
hob die fotos besser auf
weil ich das, was ich erlebte
ordentlich in alben klebte
leider war mir das system
auf die dauer unbequem –
ich steck fotos lang nun schon
einfach in den pappkarton

bilder von geburtstagsfeiern
weihnachtsbäumen, ostereiern
von familie und verwandten
freunden, anderen bekannten
türme, mauern, stadt und land
berge, sonne, meer und strand –
und auch bilder, ganz poetisch,
künstlerisch und sehr ästhetisch

alles richtig zu sortieren
und auch richtig zu datieren
hatte ich mir vorgenommen –
ich bin nicht dazugekommen
gründe dafür gab es immer –
und es kam ja noch viel schlimmer:
inzwischen knips ich – wie fatal –
ganz enthemmt und digital

dies zu ordnen war geplant
doch ich hatte es geahnt:
gerne ließ ich mich ablenken
musste an so vieles denken
wieder ein jahrzehnt vergangen –
wieder noch nicht angefangen
zigtausende von bilddatei'n
werden es inzwischen sein

auch mein kopf ist überfüllt
(und vielleicht auch zugemüllt)
von bildern und erinnerungen –
ordnung ist auch hier misslungen
gründe dafür gibt es immer –
und es kam auch noch viel schlimmer:
es gibt ja doch jeden tag
neues, was ich wissen mag

alles richtig zu sortieren
und zu aktualisieren
hatte ich mir vorgenommen –
ich bin nicht dazugekommen
manchmal wünsch ich unterdessen
einfach alles zu vergessen
(und doch hoff ich, dass noch zeit ist
bis es eines tags so weit ist)

IMMER MEHR

hab bücher gekauft und geschenkt bekommen
ich wollte sie lesen – irgendwann mal
ich hatte mir's wirklich vorgenommen –
jetzt stehen sie traurig im regal

die regale sind voll und die last ist schwer –
und es wird immer mehr

so viele cds, auch platten noch
die hebe ich auf und da häng ich dran
sie haben für mich bedeutung – und doch
weiß ich nicht, wann ich sie anhörn kann

sie stapeln sich, liegen kreuz und quer –
und es wird immer mehr

hab schrauben, nägel und manches in massen
was man vielleicht irgendwann einmal braucht
es wird dann wahrscheinlich gar nicht passen
oder ist unauffindbar untergetaucht

wär ja lustig, wenn's nicht zum weinen wär –
und es wird immer mehr

es sammeln sich tausende dinge an
auf die man (man kann es nicht recht erklären)
nicht ernsthaft verzichten will und kann
und die letzten endes entbehrlich wären

es wär noch genug da, wenn's weniger wär –
und es wird immer mehr

entsorge ich mal mit gutem gewissen
was nutzlos rumlag, zig jahre schon
brauch ich es bald und werd es vermissen –
und das verdirbt die motivation

entsorgen fällt dann doppelt so schwer –
und es wird immer mehr

ich träume davon und hab ernsthaft geplant
mich von allem ballast zu befrein
ich mache mich dran – doch ihr habt es geahnt:
es wird so wie immer sein

ich räume alles hin und her –
und es wird immer mehr

ERINNERUNGEN

sie sind unendlich groß und weit
sind manchmal sperrig, lang und breit
und gehe ich woanders hin
sind sie dabei, wo ich auch bin

sie sind so leicht und doch so schwer
sind manchmal last und drücken sehr
doch helfen sie an manchen tagen
das leben besser zu ertragen

und viele sind schon ziemlich blass
doch andere sind wirklich krass
und manche, ewig lange her
sind so, als ob es gestern wär

nicht alle sind noch wirklich richtig
nicht alle warn je wirklich wichtig
doch manche sind ganz unversehrt
und sind von unschätzbarem wert

UMLEITUNGEN

auch auf einem lebensweg
gibt es viele umleitungen
und es wurde laut und leise
manches klagelied gesungen

ging es auf geraden wegen
schnell voran und wie im flug
hätt wohl keiner was dagegen –
umleitungen gibt's genug

allerdings, die krummen wege
flache, steile, lange, weite
zeigen uns vielleicht die gegend
mal von einer andern seite

NACHRUF
AUF EINEN GEWÖHNLICHEN MITBÜRGER

eine unauffällige existenz:
ohne jegliche prominenz
keine skandale, keine exzesse
keine erwähnung in der presse
(doch hörte er immer ein wenig mit neid
von dekadenz und ruchlosigkeit)

eine unauffällige person:
ohne dramatische depression
hat lebensgefahren meistens vermieden
war verheiratet und nicht geschieden
war sparsam und hatte genug zum leben
(hätte bestimmt gern mehr geld ausgegeben)

ein unauffälliger zeitgenosse
weit weg von der welt der eliten und bosse
hat steuern nur minimal hinterzogen
hat niemals die öffentlichkeit belogen
(wurde aber – ehrlich gesagt –
auch niemals öffentlich was gefragt)

ein unauffälliges individuum:
war kein genie und war auch nicht dumm
hat irgendwie seinen weg gemacht
hat's im beruf zu was gebracht
produzierte sich nicht in der öffentlichkeit
(hatte leider auch nie gelegenheit)

eine unauffällige gestalt:
durchschnittlich – und am schluss ziemlich alt
ist auch nie auf den hund gekommen
hat nie an talkshows teilgenommen
behielt seine abgründe lieber für sich
(und war im grunde wie du und ich)

OFFENE FRAGEN

ich hätte viele fragen noch
an die, die schon gegangen sind
sie wollten mir was sagen –
ich hab sie nicht gefragt als kind

hab sie auch später nicht gefragt
hab manchmal auch nicht zuhörn wollen
und manche fragen nicht gewagt
die ich hätte stellen sollen

oft fehlte die gelegenheit
oft fiel das fragen mir zu schwer
oft nahm ich mir auch nicht die zeit –
nun gibt es keine antwort mehr

ich lebe noch, ihr könnt mich fragen
vielleicht hab ich noch was zu sagen

JUBILARGEDICHT

wird ein jubilar geehrt
feierlich und unbeschwert
hat er einen echten runden
wird gern ein gedicht erfunden

wenn der rhythmus etwas humpelt
und der reim ein bisschen rumpelt
sieht man gern darüber weg –
ist ja für nen guten zweck

leute, die in bildungskreisen
sonst nur große werke preisen
bauen kühne reimgebäude
reimen *freunde* auf die *freude*

so'n gedicht ist, wie gesagt
literarisch zwar gewagt
doch – das muss man auch erwähnen –
es rührt den jubilar zu tränen

FLEXIBLES GEBURTSTAGSGEDICHT
(NACH BEDARF UMSTELLEN, KÜRZEN USW.)

ich weiß nicht, wie es dir so geht
doch meist begreift man schwer
dass man auf einmal älter ist
und jedes jahr noch mehr

doch siehst du es gelassen
und bist halbwegs noch gesund –
dann haben wir zum feiern
wirklich einen guten grund

kein auto hat dich überfahr'n
kein ziegelstein erschlagen
aus dieser sicht gibts also
keinen grund sich zu beklagen

wenn dich das schicksal streifte
(und vielleicht sogar auch schlug)
dann bilde dir doch einfach ein:
aus schaden wird man klug

man ist im alter jünger
als die alten früher waren
die welt steht offen, man kann hoffen
und noch viel erfahren

dein alter ist kein alter
für die ofenbank –
da hat sich was geändert –
gott sei dank!

man zählt nicht so wie früher
zu den hochbetagten greisen
man zählt zu den senioren
und nicht zum alten eisen

und wenn man einfach weiterlebt
und nicht die zeit verpennt
erreicht man irgendwann den zustand
den man weisheit nennt

mit glück wirst du auch neunzig
und bleibst wachsam und bleibst fit
und kommentierst das zeitgeschehn
wie früher helmut schmidt

wir kommen, wenn du hundert bist
zur not auf allen vieren
und sind dann hoffentlich noch fähig
dir zu gratulieren

FOREVER YOUNG

die zeit vergeht, die sänger müssen gehn
auch wenn vielleicht ein lied für immer bleibt
man kann es wirklich nicht mehr übersehn
dass uns die zeit aus dieser welt vertreibt

die zeit vergeht, es musste ja so kommen
die worte bleiben und es bleibt der klang:
may your heart always be joyful *
and may your song always be sung *

die zeit vergeht, die lieder bleiben
mit ihnen bleibt auch die erinnerung
wenn ich sie hör – wie soll ich es beschreiben –
fühl ich mich innendrin für immer jung

die zeit vergeht, die lieder bleiben
die worte bleiben und es bleibt der klang:
may your heart always be joyful *
may you stay forever young *

* *bob dylan, forever young*

DIE WELT RETTEN

dass wir die welt retten
hab'n wir früher mal gedacht
auch wenn wir's gern getan hätten
wir haben's nicht gemacht
wir hab'n davon geredet
und davon geträumt
dann ging die zeit vorbei
und wir hatten es versäumt

dass wir die welt retten
ist uns leider nicht gelungen
statt dass wir sie gerettet hätten
haben wir davon gesungen
vom frieden auf der welt
und wie besorgt wir sind
and the answer my friend
is blowing in the wind

dass wir die welt noch retten könnten
dafür ist es nun zu spät
wobei wir fast schon wetten könnten
dass es ohnehin nicht geht
die welt hat nicht auf uns gewartet
und ohne uns weht auch der wind
und die erde dreht sich weiter
bis alle schwindlig sind

WAS ICH DER WELT ZU SAGEN HÄTTE

was ich der welt zu sagen hätte
hat mich die welt noch nie gefragt
was ich der welt zu sagen hätte
hat man schon tausendmal gesagt:

gegen waffen, gegen kriege
und zerstörerische siege
gegen hasserfüllte spinner
gegen ruchlose gewinner

was ich der welt zu sagen hätte
ist: stopp! sonst geht die sache schief
was ich der welt zu sagen hätte
das ist – ich geb es zu – naiv:

nicht alles, was man kann, ist wichtig
und der erfolg ist kein beweis
nicht alles, was gelingt, ist richtig
oft zahlen andere den preis

was ich der welt zu sagen hätte
dem schließt ihr euch vermutlich an
was ich der welt zu sagen hätte
ändert trotzdem nichts daran:

hört auf, den gauklern zuzugucken
und fiesen tricks zu applaudieren
und seid nicht tolerant mit jenen
die nicht die andern tolerieren

was ich der welt zu sagen hätte -
ach ja, ich gebe es schon zu,
dass ich, was ich zu sagen hätte
auch selber gar nicht immer tu:

hört auf, ganz schnell mal wegzugucken
seht euch doch den schlamassel an
hört auf, euch schnell mal wegzuducken
wenn's ungemütlich werden kann

und was ich sag, mag primitiv sein
es klingt bemüht, vielleicht auch flach
und ist schon tausendmal gesagt –
und stimmt doch mehr als tausendfach

WIR MACHEN ZU VIEL FALSCH

wir machen zu viel falsch
und rennen ins verderben
die dummheit hat die oberhand
verstand droht auszusterben

wir sind zu unbescheiden
und sind voll übermut
wir sagen nicht die wahrheit
und hoffen, es geht gut

wir sind zu ungeduldig
wir kratzen gleich, wenn's juckt
wir essen ungesundes zeug
es wird zu viel geschluckt

wir gucken schlechte filme
vergeuden unsre zeit
wir sind zu faul zum laufen
und gehn doch oft zu weit

wir machen zu viel falsch
und machen uns verrückt
wir machen alles schlecht
auch wenn mal etwas glückt

wir sind zu unbescheiden
und voller ungeduld
wenn irgendwas nicht klappt
dann sind die andern schuld

wir meckern über alles
und reden alles schlecht
und hoffen aber insgeheim
wir hätten doch nicht recht

wir machen zu viel falsch
und handeln uneinsichtig
wir ahnen, dass es falsch ist –
und machen's doch nicht richtig

GUTER RAT AN DIE NACHKOMMENDEN

ich könnt euch raten, dies und das zu lassen
ich könnt euch raten, was ihr machen sollt
ihr würdet mich, wenn ich es täte, dafür hassen
und dann doch immer wieder machen, was ihr wollt

ich habe selber auch schon manchen rat bekommen
nicht selten hat mich das geärgert und gestört
und manchen rat hätt ich wohl besser angenommen
und manchen hätte ich wohl besser überhört

man kann so manchen guten rat wohl erst verstehen
wenn man es anders macht und böse folgen spürt
oft aber ist es gut, den andern weg zu gehen
der gegen jeden rat zu neuen ufern führt

ich könnt euch raten, dies und das zu lassen
ich könnt euch raten, was ihr machen sollt
ich würde mich, wenn ich es täte, dafür hassen
und hoffe nur, ihr wisst schon selber, was ihr wollt

was nahe liegt, muss nicht die beste wahl sein
der grade weg führt manchmal nicht zum ziel
und was bequem ist, kann vielleicht fatal sein
und manches sieht oft nur gut aus und hilft nicht viel

doch andrerseits wird leicht auch übersehen
dass es direkt geht und ne lösung naheliegt
und faulen und bequemen kann's oft besser gehen
es ist auch möglich, dass die dummheit siegt

ich könnt euch raten, dies und das zu lassen
doch halt ich mich mit meinen weisheiten zurück
der beste rat nützt nichts, ist man vom glück verlassen
drum statt zu raten wünsche ich euch lieber glück

DAS GLÜCK

das glück ist oft ganz klein
es kann auch größer sein
das glück ist überall
doch nicht in jedem fall

vielleicht hat es ein ziel
vielleicht ist es ein spiel
vielleicht verwirrt es dich
vielleicht verirrt es sich

das glück ist manchmal weit
es lässt sich manchmal zeit
kommt manchmal über nacht
und schneller als gedacht

vielleicht ein fernes ziel
vielleicht fehlt nicht mehr viel
vielleicht zum greifen nah
vielleicht sogar schon da

das glück ist sehr gesund
und manchmal auch sehr bunt
das glück ist nah und fern
und jeder hätt' es gern

vielleicht macht es dann mut
vielleicht wird alles gut
vielleicht hat es - wer weiß -
auch einen hohen preis

das glück ist abgrundtief
und manchmal sehr naiv
und oft auch ungerecht
und sozusagen schlecht

vielleicht ist es der lohn
vielleicht ist es wie hohn
vielleicht ist es genug
vielleicht ist es betrug

das glück wird manchmal wahr
und bleibt doch unsichtbar
das glück strahlt manchmal hell
und oft vergeht es schnell

vielleicht schmilzt es wie eis
vielleicht ist es ganz heiß
vielleicht braucht es viel licht
vielleicht auch wieder nicht

das glück ist, das ist klar
ganz unberechenbar
doch statt zu spekulieren
muss man das glück riskieren

HEIMAT

ich denke schon, dass es sich lohnt
sich einzurichten, wo man wohnt –
egal, ob wir gestrandet sind
oder bewusst gelandet sind

die heimat ist ein ort mit leuten
die einem wirklich was bedeuten
es muss nicht immer alles passen
es gilt, sich darauf einzulassen

wir treffen uns, wir laden ein
wir bitten andere herein
wir machen mit und sind dabei
von vorurteilen möglichst frei

wir sind daheim, wir gehen raus –
die heimat ist kein schneckenhaus

DER ZUG DER ZEIT

der zug der zeit fährt ohne gleise
der zug der zeit fährt ohne plan
er schlägt sich einfach eine schneise
und bricht sich einfach eine bahn

er fährt im dunkeln und bei licht
und überfährt er ein signal –
dann merken es die meisten nicht
und wenn, dann wär es auch egal

er fährt vorbei an attraktionen
und zeichen, die am wege stehn
die haltestellen und stationen
hat er oft einfach übersehn

die passagiere haben ziele
die jeder für sich wichtig nimmt
es überlegen sich nicht viele
ob überhaupt die richtung stimmt

und geht's durch schwieriges gelände
bleibt einem noch die zuversicht
zum glück sah man bisher am ende
des tunnels immer wieder licht

WENN ICH TOT BIN

wenn ich tot bin, hab ich keine sorgen
mich drückt keine unerfüllte pflicht
gestern oder heute oder morgen
tage oder stunden zählen nicht

wenn ich tot bin, kann mir nichts passieren
es geht nicht um feigheit oder mut
kann schon mal mein leben nicht verlieren
wenn ich tot bin, geht's mir richtig gut

aber dass ich lebe, bin ich froh –
tot bin ich am ende sowieso

wenn ich tot bin, wird mich keiner fragen
was ich vorhab oder was ich tu
muss nichts überlegen, nichts beklagen
wenn ich tot bin, sag ich nichts dazu

wenn ich tot bin, muss ich nicht entscheiden
was man dann mit meinen sachen macht
ihr müsst unter meinem chaos leiden –
ich hätt gerne ordnung reingebracht

aber dass ich lebe, bin ich froh –
tot bin ich am ende sowieso

wenn ich tot bin, sing ich keine lieder
wenn ich tot bin, schreib ich kein gedicht
ich geh dann und komme nicht mehr wieder
doch den lauf der welt betrifft das nicht

immerhin – es wird wohl spuren geben
spuren, wo ich ging und wo ich stand
spuren auch von mir in eurem leben
spuren auch von dem, was uns verband

aber dass ich lebe, bin ich froh –
tot bin ich am ende sowieso

wenn ich tot bin, möchte ich gern sehen
dass ihr euch an meinem grab vereint
und ich hoffe, das muss ich gestehen
dass ihr auch ein bisschen um mich weint

wenn ich tot bin, wohn ich in den träumen
ich bin alt und bin zugleich ein kind
wohne in den blumen und den bäumen
und in häusern, wo noch träume sind

aber dass ich lebe, bin ich froh –
tot bin ich am ende sowieso

HOFFNUNG

oft hofft man auf das große los
und hat dann doch ne niete bloß
man hofft, das wetter würde schön
und bleibt dann doch im regen stehn

es kommt oft anders als man ahnt
es geht oft nicht so wie geplant
man hofft nicht selten ganz vergeblich
und die enttäuschung ist erheblich

dass was nicht klappt
passiert recht oft
doch schlimm wär's
wenn man gar nicht hofft

JEDEM TAG NE ECHTE CHANCE

vergeht ein tag, so könnte man es sagen
ist wieder einer weg von unsern tagen
was bleibt, ist sozusagen nur der rest
ob viel, ob wenig – steht nicht fest

mit jedem weiteren schritt auf unseren wegen
gehn wir dem ende zwangsläufig entgegen
wir kommen ja vielleicht noch ziemlich weit
vielleicht bleibt aber gar nicht mehr viel zeit

und keiner weiß
wie viele tage wir noch leben –
man sollte jedem tag
ne echte chance geben

MIX
Papier aus verantwortungsvollen Quellen
Paper from responsible sources
FSC® C105338

Die Informationen in diesem Buch sind nach bestem Wissen und Gewissen recherchiert und zusammengestellt worden. Der Autor und der Verlag übernehmen jedoch keinerlei Haftung für die Richtigkeit, Vollständigkeit und Aktualität der Inhalte.

Die Anwendung der in diesem Buch beschriebenen Informationen und Empfehlungen erfolgt auf eigenes Risiko und eigene Verantwortung des Lesers. Weder der Autor noch der Verlag können für mögliche Schäden oder Nachteile, die aus der Umsetzung der beschriebenen Inhalte resultieren, haftbar gemacht werden. Es wird empfohlen, vor der Umsetzung der in diesem Buch beschriebenen Inhalte und Empfehlungen einen Experten oder Fachmann zu konsultieren, um mögliche Risiken oder Nachteile zu vermeiden.

Dieser Haftungsausschluss gilt auch für externe Links und Verweise, die in diesem Buch enthalten sind. Der Autor und der Verlag haben keinen Einfluss auf den Inhalt und die Gestaltung externer Websites und übernehmen keine Haftung für deren Inhalte.

Der Inhalt dieses Buches ist urheberrechtlich geschützt. Eine Vervielfältigung oder Verbreitung des Inhalts oder von Teilen davon ist ohne ausdrückliche Genehmigung des Autors und des Verlags untersagt. Das Lesen und Nutzen dieses Buches erfolgten auf eigenes Risiko und eigene Verantwortung des Lesers.

Impressum

Text-Inhalt:	© Copyright by Buddy Toe, 2023
Cover-Design:	© Copyright by Buddy Toe, 2023
Illustrationen:	Buddy Toe
Vektor-Bilder:	Adobe Stock, Illustrator Yusuf Demirci
Herstellung und Verlag:	BoD – Books on Demand, Norderstedt

WIDMUNG

Ich widme dieses Buch allen Kindern und Erwachsenen, die die Grundlagen des Internetmarketings verstehen wollen, und zwar in einfacher Sprache, die den Kern der Sache trifft – also ohne viel herum Gerede.

Inhalt

Einleitung 7
01. Der Wert des Onlinemarketings 9
02. Superstar Digital-Marketing 13
03. Let's Social-Media-Marketing 19
04. Detektiv SEM 25
05. Magic E-Commerce 31
06. Miracle Marketing Automation 35
07. Architekt im Webdesgin 39
08. Der Held – "die Marke" 43
09. Die Onlinemarketing Kampagne 47
10. Onlinemarketing Begriffe 51
Über mich - den Autoren 56

Einleitung

Herzlich willkommen zum spannenden Buch über Onlinemarketing für Kids! In diesem Buch werde ich dir zeigen, wie Unternehmen das Internet nutzen, um ihre Produkte und Dienstleistungen zu vermarkten.

Vielleicht denkst du, dass Onlinemarketing ein Thema für Erwachsene ist, aber ich habe es geschafft, das Thema in eine spannende und lustige Lernreise zu verwandeln, die für Kids wie dich im Alter zwischen 7 & 10 Jahren geeignet ist. In diesem Buch lernst du, wie Unternehmen - so nennen Erwachsene Firmen - das Internet nutzen, um ihre Produkte und Dienstleistungen zu bewerben. Du wirst unter anderem lernen, wie genau Suchmaschinenmarketing funktioniert und was ein Online-Shop genau ist.

Aber keine Sorge, ich habe auch einige Bilder und Comics in diesem Buch, um es interessant und unterhaltsam zu gestalten. Ich bin ziemlich zuversichtlich, dass du am Ende dieses Buches auf dem besten Weg sein wirst, ein Online-Marketing-Experte zu werden!

Lass uns also gleich loslegen und den wunderbaren, spannenden und faszinierenden Bereich des Onlinemarketings entdecken!

Ich wünsche dir viel Spaß!

Buddy Toe

01. Der Wert des Onlinemarketings

Stell dir vor, du hast einen Schatz, den du mit der Welt teilen möchtest. Aber niemand weiß, dass er bei dir ist und dass du ihn anbieten möchtest. Wie bringst du nun die Leute dazu, dich und deinen Schatz zu finden? Hier kommt das mächtige Onlinemarketing ins Spiel!

Onlinemarketing ist wie eine Schatzkarte - es zeigt den Menschen den Weg zu deinem Schatz, in diesem Fall zu deinem Produkt oder deiner Dienstleistung. Es ist die coole, spannende Kunst, digitale Technologien zu nutzen, um deine Botschaft an die Menschen zu bringen, die danach suchen.

Warum ist Onlinemarketing wichtig? Nun, stellen wir uns vor, dass du die besten Milchshakes der Stadt herstellst, aber niemand weiß davon. Ohne Onlinemarketing würde es schwierig sein, dein Publikum, also die Leute, die deine leckeren Milchshakes mögen, zu erreichen und somit dieses Produkt anzubieten.

Aber mit einer schlauen Onlinemarketing-Strategie, in der du Social-Media-Marketing, E-Mail-Marketing, Suchmaschinenmarketing und andere digitale Tools nutzt, kannst du dein Publikum erreichen und deinen Schatz mit der Welt teilen!

Onlinemarketing ist auch wichtig, weil es dir ermöglicht, mit deiner Zielgruppe in Kontakt zu treten und ihre Bedürfnisse und Interessen besser zu verstehen. Durch die Nutzung von Datenanalyse-Tools kannst du die Leistung deiner Kampagnen messen. Das heißt, du misst, wie gut die Werbung für deine Milchshakes läuft und durch diese Informationen kannst du deine Strategie, also deinen Plan für die Schaltung der Werbung, anpassen.

So stellst du sicher, dass du das Richtige tust, um deine Ziele zu erreichen.

Also denk daran, wenn du einen Schatz hast, den du liebend gerne mit der Welt teilen möchtest, ist Onlinemarketing der Schlüssel, um ihn bekannt zu machen!

Durch die Nutzung von digitalen Technologien und einer klugen Strategie kannst du dein Publikum erreichen und deinen *Schatz* auf die nächste Stufe bringen.

Im nächsten Kapitel geht es um Digitalmarketing.

Digitalmarketing bezieht sich auf alle Marketingaktivitäten, die digitale Kanäle wie Suchmaschinen, Social Media, E-Mails, Websites und mobile Apps nutzen, um potenzielle Kunden anzusprechen und zu erreichen.

02. Superstar Digital-Marketing

Stell dir vor, du bist ein Superstar, der seinen Einfluss nutzt, um sein Publikum zu erreichen. Genau das ist Digitalmarketing – es ist die Kunst, digitale Technologien zu nutzen, um deine Botschaft an die richtigen Menschen, zur richtigen Zeit zu senden.

Als Superstar des Digitalmarketings hast du viele Möglichkeiten, um deine Botschaft zu verbreiten. Du könntest Social-Media-Plattformen nutzen, um dich als Marke bekannt zu machen, E-Mail-Marketing verwenden, um mit deiner Zielgruppe (Fans) in ständigem Kontakt zu bleiben oder Suchmaschinenmarketing nutzen, um deine Website ganz oben in den Suchergebnissen bei Bing, Google und Co. zu platzieren.

Aber Digitalmarketing ist viel mehr als nur die Verwendung von Technologien - es geht auch darum, die Bedürfnisse, also die Wünsche deiner Zielgruppe – das sind deine Fans – zu verstehen und passenden Inhalt für deine Website und Social-Media zu erstellen der sie anspricht.

Als Superstar des Digitalmarketings musst du klug handeln um sicherzustellen, dass deine Botschaft an die richtigen Menschen, zur richtigen Zeit gesendet wird. Durch die Verwendung von Technologien wie Social-Media-Marketing, E-Mail-Marketing, Suchmaschinenmarketing und anderen digitalen Tools kannst du sicherstellen, dass du deine Zielgruppe, also die Menschen, die du als Fans gewinnen willst, auf ihre bevorzugte Weise erreichst. Aber denk daran, auch als Superstar des Digitalmarketings musst du immer am Ball bleiben und dich anpassen, da sich die Technologien und Trends ständig ändern.

Merke dir gut: Es ist wichtig, immer auf dem neuesten Stand zu bleiben und bereit zu sein, dich anzupassen, um die Bedürfnisse deiner Zielgruppe zu erfüllen.

Zusammenfassend ist Digitalmarketing wie die Verwendung von Superkräften, um deine Botschaft an die richtigen Menschen zur richtigen Zeit zu senden. Indem du digitale Technologien und ansprechende Informationen wie Texte, Bilder und Videos postest, kannst du sicherstellen, dass du deine Zielgruppe auf ihre bevorzugte Weise erreichst.

Ein guter Digitalmarketing-Plan kann dir helfen, dein Vorhaben auf die nächste Stufe zu bringen und mehr Traffic (Traffic sind Aufrufe) sowie Fans aus der ganzen Welt auf deine Website zu bringen!

Erstelle einen Online-Marketingplan, der beschreibt, wo du überall posten möchtest, um deine Zielgruppe zu erreicher.

Bleibe immer auf dem neuesten Stand und verfolge alle Trends, sei es Technologie, Tools, Weltneuheiten, Musik oder Videos - lerne ständig dazu.

Veröffentliche regelmäßig auf deiner Website, deinem Blog, in den sozialen Medien, deinem Newsletter oder per E-Mail, um deine Präsenz aufrechtzuerhalten.

Im nächsten Kapitel geht es um Social-Media-Marketing, abgekürzt SMM. Auf Deutsch übersetzt heißt das so viel wie «Soziale-Medien-Werbung.» Suchmaschinenmarketing umfasst alle Maßnahmen, die darauf abzielen, die Sichtbarkeit und die Positionierung einer Website in Suchmaschinen-Ergebnisseiten zu verbessern, um Traffic und potenzielle Kunden zu generieren.

03. Let's Social-Media-Marketing

Stell dir vor, du bist auf einer mega-coolen Party mit all deinen Freunden und möchtest, dass alle wissen, wie viel Spaß du hast. Was machst du? Du nimmst ein Foto und postest es auf Social Media, damit alle sehen können, wie cool alles hier ist!

Das ist im Grunde das, was Social-Media-Marketing ist - es geht darum, deine Produkte oder Dienstleistungen auf sozialen Medien wie Instagram, Facebook oder TikTok zu bewerben, um mehr Menschen zu erreichen und dein Unternehmen bekannt zu machen.

Aber wie postet man auf Social Media, um das Beste aus seiner Werbung herauszuholen? Nun, das ist der Job eines Social-Media-Managers! Ein Social-Media-Manager plant und erstellt Inhalte für Social-Media-Kanäle.

Sie oder er macht eine Marke wie zum Beispiel „LEGO" bekannter, um mehr Menschen zu erreichen, die sich für die Marke selbst oder das Produkt interessieren. Du hast richtig gehört, eine Marke kann auch ein Produkt sein. Aber dazu mehr in einem anderen Kapitel.

Eine gute Social-Media-Managerin oder ein guter Social-Media-Manager weiß, wie man eine Zielgruppe identifiziert - also eine Zielgruppe herausfindet - wie man sie anspricht und welche Arten von Inhalten am besten funktionieren. Es können dann Fotos, Videos und Texte erstellt werden, um Produkte und Dienstleistungen auf eine unterhaltsame und informative Weise zu präsentieren.

Social-Media-Marketing kann wirklich gigacool sein, weil man damit eine Menge Leute erreichen und ihnen zeigen kann, wie großartig ein Unternehmen ist!

Es geht darum, auf der Party des Lebens zu sein und zu zeigen, wie viel Spaß man hat. Mit einem guten Social-Media-Management (Management heißt auf Englisch Leitung) kann man sicherstellen, dass eine Marke auf Social Media rockt und alle Augen auf die Marke gerichtet sind.

Insgesamt ist Social-Media-Marketing eine ultracoole Möglichkeit, zum Beispiel dein Unternehmen oder deine Party später auf sozialen Medien bekannt zu machen und somit viele Menschen zu erreichen.

So kann eine Marke auf die nächste Stufe gebracht werden und die Aufmerksamkeit bekommen, die sie verdient!

Denk mal an alle bekannten Marken, die überall zu sehen sind – jetzt hast du die Antwort darauf, warum das so ist!

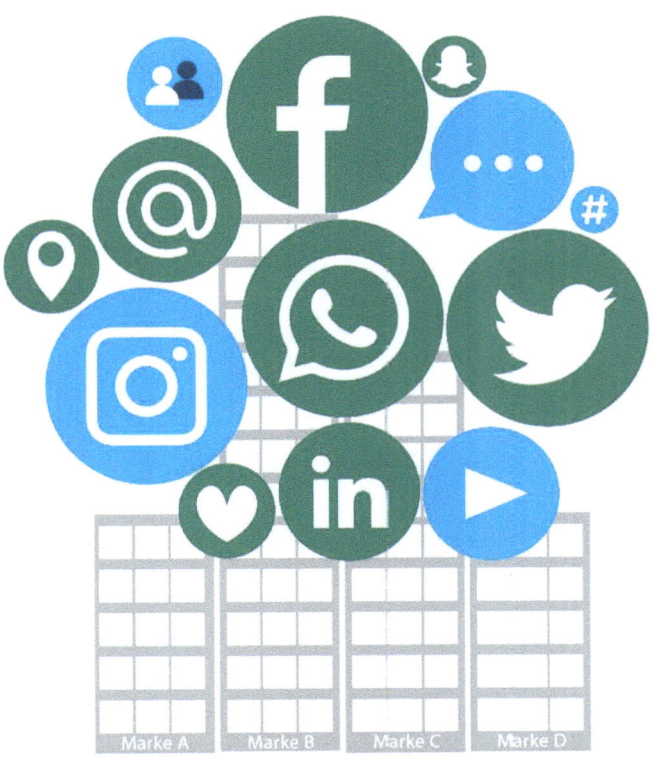

Im nächsten Kapitel geht es um SEM, ausgeschrieben Search-Engine-Marketing. Auf Deutsch Suchmaschinen-Marketing.

04. Detektiv SEM

Stell dir vor, du bist ein Detektiv und suchst nach einer bestimmten Person in einer riesigen Stadt. Was tust du zuerst? Du nutzt deine Kontakte, um Informationen zu sammeln, wo die Person sein könnte. Genau das ist Suchmaschinenmarketing, auf Englisch *Search Engine Marketing* oder kurz SEM. Hier geht es immer darum, die besten Suchergebnisse zu liefern, wenn jemand online nach etwas sucht.

Es gibt zwei Arten von Suchmaschinenmarketing: SEO und SEA. SEO steht für *Search Engine Optimization*, was so viel bedeutet wie Suchmaschinenoptimierung.

Das Ziel von SEO ist es, deine Website so zu gestalten, dass sie bei Suchanfragen auf den oberen Plätzen der Suchergebnisse erscheint.

Genau wie ein Detektiv sammelst du wichtige Informationen über die Keywords, die Menschen bei der Suche verwenden und optimierst deine Website, damit sie besser zu diesen Suchanfragen passt.

SEA hingegen steht für *Search Engine Advertising*, was bedeutet, dass du bezahlte Anzeigen in den Suchergebnissen schaltest. Du investierst also Geld, um deine Anzeige ganz oben in den Suchergebnissen – zum Beispiel bei Google oder Bing – zu platzieren, damit sie von Menschen gesehen werden, die an einem Produkt, also einer Sache interessierte sind und möglicherweise auch dieses Produkt kaufen.

Das Ziel von Suchmaschinenmarketing ist es, mehr Traffic, also mehr Zugriffe auf deine Website zu bringen, indem du bei den wichtigen Suchanfragen ganz oben in den Suchergebnissen erscheinst.

Wenn jemand online nach etwas sucht und deine Website ganz oben in den Suchergebnissen steht, ist die Wahrscheinlichkeit höher, dass sie oder er auf deine Website klickt.

Als Detektiv des Suchmaschinenmarketings musst du klug vorgehen, um sicherzustellen, dass deine Website bei den relevanten Suchanfragen ganz oben in den Suchergebnissen erscheint. Indem du SEO- und SEA-Strategien nutzt, kannst du sicherstellen, dass deine Website von der richtigen Zielgruppe gefunden wird und du mehr Traffic und potenzielle Kunden auf deine Website bringst.

Zusammenfassend ist Suchmaschinenmarketing wie eine Detektivarbeit, bei der du nach den besten Suchergebnissen suchst.

Durch SEO und SEA kannst du sicherstellen, dass deine Website bei den relevanten Suchanfragen ganz oben steht.

Sucht jemand zum Beispiel nach dem besten Reiseangebot, das zudem online buchbar ist, dann könnten folgende Keywords für eine SEO-Kampagne die richtigen sein, nach denen Kunden suchen: «Günstig Reisen, online buchen, Hotel und Frühstück». Oder als Longtail-Keyword: «Günstige Reiseangebote, direkt online buchen». Keywords bestehen in der Regel aus 1–3 Wörtern. Longtail-Keywords bestehen aus mehreren Wörtern - also eine klare Formulierung wie das obere Beispiel.

Das bedeutet, dass deine Website auf der ersten Seite der Suchergebnisse von Suchmaschinen erscheint und möglichst weit oben. Dadurch kommen potenzielle Kunden auf deine Website und können zu Käufern werden. Eine gute Planung für Suchmaschinenmarketing kann dir dabei helfen, dein Unternehmen oder dein Projekt auf die nächste Stufe zu bringen und dadurch mehr Besucher auf deine Website zu locken!

Im nächsten Kapitel geht es um E-Commerce. E-Commerce ist die Abkürzung für elektronischen Handel und beschreibt den Kauf und Verkauf, die beide über das Internet abgewickelt werden. Zum Beispiel Online-Shopping, elektronische Zahlungen sowie elektronischen Austausch von Produkten und Dienstleistungen.

05. Magic E-Commerce

Stell dir vor, du hast einen magischen Laden, der niemals schließt - er ist 24 Stunden am Tag, 7 Tage die Woche geöffnet! In diesem Laden kannst du alles kaufen, was du willst und es wird direkt zu dir nach Hause geliefert. Klingt das nicht cool?

Das ist im Grunde das, was E-Commerce ist - es ist wie ein magischer Online-Laden, in dem man alles kaufen kann, was man möchte und es wird direkt zu einem nach Hause geliefert. E-Commerce ermöglicht es Unternehmen, ihre Prociukte auch online zu verkaufen und nicht nur in einem physischen Geschäft, also in einem Laden.

Wenn du etwas im E-Commerce kaufen möchtest, gehst du einfach auf eine Website, suchst nach dem Produkt, das du kaufen möchtest und legst es in deinen virtuellen Einkaufswagen.

Dann gibst du deine Informationen und die Lieferadresse ein, bezahlst online und bitte schön - das Produkt wird zu dir nach Hause geliefert!

E-Commerce ist superpraktisch, weil man nicht einmal das Haus verlassen muss, um einzukaufen. Man kann alles kaufen. Von Kleidung und Lebensmitteln bis hin zu Technologie und Möbeln, ohne sich Gedanken darüber zu machen, wie man es nach Hause bekommt.

Aber wie bei jedem Zauber, gibt es auch Nachteile - manchmal können die Produkte online anders aussehen als in der Realität oder die Lieferung kann länger dauern als erwartet. Es ist wichtig, immer auf Bewertungen und vor allem auf Bewertungen von anderen Käufern zu achten, um sicherzustellen, dass man ein gutes Produkt bekommt.

Insgesamt ist E-Commerce eine superpraktische und coole Möglichkeit, online einzukaufen und alles zu bekommen, was man braucht – direkt nach Hause geliefert. Solche Online-Shops werden mit sogenannten E-Commerce-Lösungen gebaut, die über ein Programm, dem Content-Management-Systeme gepflegt werden. Ein bekanntes und kostenloses CMS ist zum Beispiel *WooCommerce*.

Im nächsten Kapitel geht es um Marketing-Automation.

Marketing Automation bezieht sich auf den Einsatz von Programmen, um Aufgaben zu automatisieren und zu optimieren, wie z.B. das Versenden von E-Mails, das Erstellen von Posts oder das Verwalten von Social-Media-Kampagnen. Dadurch können Firmen Zeit sparen und Kunden besser ansprechen.

06. Miracle Marketing Automation

Stell dir vor, du hast eine Wunder-Maschine, die dir dabei hilft, Sachen zu erledigen. Wenn du diese Maschine einschaltest, kann sie automatisch verschiedene Aufgaben ausführen, die du normalerweise manuell erledigen müsstest. Das kann dir Zeit und Mühe sparen.

Das ist im Grunde genau das, was Marketing Automation macht. Es ist wie eine magische Maschine, die Unternehmen dabei hilft, ihre Marketing-Aufgaben automatisch auszuführen.

Diese Aufgaben können Dinge wie das Senden von E-Mails an Kunden, das Posten von Social-Media-Beiträgen oder das Schreiben von Anzeigen auf Webseiten sein.

Wenn ein Unternehmen Marketing Automation verwendet, erstellen sie zuerst eine Art Plan, der ihnen sagt, welche Aufgaben zu erledigen sind und wann sie ausgeführt werden sollen. Dann geben sie diese Aufgaben an ein spezielles Marketing-Automatisierungs-Programm weiter und das führt alles automatisch aus.

So können viele Unternehmen beispielsweise automatische E-Mails an Kunden senden, um sie daran zu erinnern, dass sie Produkte kaufen sollten, die sie zuvor angesehen haben. Oder sie können Anzeigen schalten, die automatisch nur an bestimmte Arten von Kunden angezeigt werden, die den Interessen von Kunden entsprechen. Die Interessen einzelner Kunden werden durch den Besuch und das Verhalten auf Webseiten kontrolliert und untersucht.

Marketing Automation kann Unternehmen dabei helfen, Zeit zu sparen und effizienter zu sein, indem sie Marketing-Aufgaben automatisch ausführen, anstatt sie manuell zu erledigen.

Im nächsten Kapitel geht es um Webdesign.

Webdesign befasst sich mit der Gestaltung und Entwicklung von Websites, die gut funktionieren und auch gut aussehen. Dabei werden Benutzerfreundlichkeit, Erreichbarkeit und Gestaltung berücksichtigt, um eine positive Erfahrung den Benutzern gegenüber zu versprechen.

07. Architekt im Webdesgin

Stell dir vor, du bist ein Architekt, der ein Haus baut. Du musst sicherstellen, dass das Haus gut aussieht und praktisch ist, damit die Menschen darin leben können. Genau wie ein Architekt ein Haus plant, plant ein Webdesigner eine Website!

Webdesign bedeutet, dass man eine Website so gestaltet, dass sie gut aussieht und einfach zu bedienen ist. Ein Webdesigner muss sich Gedanken darüber machen, wie die Website aussehen soll, welche Farben, Schriftarten und Bilder verwendet werden sollen und wie die Navigation funktionieren soll.

Stell dir vor, du gehst in ein Kaufhaus und siehst einen Kleiderständer, auf dem alles chaotisch durcheinander geworfen ist. Du würdest es schwierig finden, das zu finden, wonach du suchst, oder?

Genauso wäre es auf einer schlecht gestalteten Website. Ein Webdesigner muss sicherstellen, dass die Website einfach zu navigieren, also einfach zu klicken ist und dass die Menschen schnell das finden können, was sie suchen.

Aber das ist noch nicht alles! Ein Webdesigner muss auch sicherstellen, dass die Website für verschiedene Geräte und Bildschirmgrößen optimiert ist, damit sie auf einem Smartphone genauso gut aussieht wie auf einem Computer. Das nennt man «Responsive Design».

Webdesigner sind wie Architekten für das Internet - sie planen und gestalten Websites, damit sie gut aussehen und einfach zu bedienen sind. Eine gut gestaltete Website ist wie ein gut gestaltetes Haus - es sieht gut aus, ist funktional und angenehm zu nutzen!

Im nächsten Kapitel geht es um Brandmanagement. Brandmanagement umfasst alle strategischen Maßnahmen, die darauf abzielen, eine starke Markenidentität aufzubauen, zu pflegen und zu fördern, um das Markenimage und den Markenwert zu stärken.

08. Der Held – "die Marke"

Stell dir vor, du bist ein Superheld! Du hast ein cooles Kostüm und besondere Kräfte, mit denen du die Welt retten kannst. Aber um ein guter Superheld zu sein, musst du auf dein Image achten - du musst sicherstellen, dass die Leute dich mögen und dir vertrauen.

Das ist im Grunde das, was Brandmanagement – also die Markenführung – macht. Es hilft Unternehmen dabei, ihr Image oder ihre «Marke» zu pflegen und zu verbessern, damit die Leute sie mögen und ihnen vertrauen. Wie ein Superheld müssen Unternehmen dafür sorgen, dass ihr Aussehen, ihr Tonfall und ihre Botschaften hundertprozentig sind und zu ihren Werten, wie Respekt, Offenheit, Sicherheit, Gesundheit, Freundlichkeit, Vertrauen, Treue, Bescheidenheit und vielen weiteren Beispielen passen.

Ein gutes Brandmanagement kann Unternehmen dabei helfen, ihr Image und ihre Marke zu verbessern, damit die Leute mehr von ihren Produkten kaufen und ihnen mehr vertrauen. Zum Beispiel kann ein Unternehmen ein tolles Logo und einen Slogan haben, die den Leuten im Kopf bleiben und sie dazu bringen, das Produkt zu kaufen, weil sie es mögen.

Aber wie bei einem Superhelden, kann das Brandmanagement auch schwierig sein! Ein Unternehmen muss sicherstellen, dass es die Erwartungen der Menschen erfüllt, indem es gute Produkte herstellt und einen guten Kundenservice bietet. Wenn ein Unternehmen diese Erwartungen nicht erfüllt, kann das zu einem schlechten Image, also einem schlechten Ruf führen und das Vertrauen der Menschen in das Unternehmen beeinträchtigen.

Du weisst jetzt, dass Brandmanagement wie das Image-Management eines Superhelden ist - es hilft Unternehmen dabei, ihr Aussehen und ihre Botschaften zu verbessern, damit die Leute sie mögen und ihnen vertrauen. Aber wie bei einem Superhelden müssen, Unternehmen hart arbeiten, um sicherzustellen, dass sie ihre Erwartungen erfüllen und ein gutes Image beibehalten.

Im nächsten Kapitel geht es um die Planung einer Online-Marketing-Kampagne.

Eine Online-Marketing-Kampagne umfasst in der Regel sieben Schritte, die von der Festlegung von Kampagnenzielen über die Identifizierung der Zielgruppe, die Erstellung von Marketinginhalten und die Auswahl geeigneter Kanäle bis hin zur Umsetzung, Überwachung und Analyse der Kampagnenergebnisse reichen.

09. Die Onlinemarketing Kampagne

Schritt 1: Definiere deine Ziele. Als Erstes musst du entscheiden, was du mit deiner Onlinemarketing-Kampagne erreichen möchtest. Willst du mehr Traffic auf deiner Website generieren, deine Produkte oder Dienstleistungen bewerben oder deine Marke bekannter machen? Ohne klare Ziele kann deine Kampagne nicht erfolgreich sein.

Schritt 2: Identifiziere deine Zielgruppe. Wer ist deine Zielgruppe? Wie alt sind sie? Wo leben sie? Was sind ihre Interessen und Bedürfnisse? Durch die Identifizierung deiner Zielgruppe kannst du deine Kampagne besser anpassen und sicherstellen, dass du die richtige Botschaft an die richtigen Leute sendest.

Schritt 3: Wähle die richtigen Kanäle. Je nach Zielgruppe und Zielen musst du die richtigen Kanäle auswählen, um deine Kampagne zu verbreiten. Das könnte Social Media, E-Mail-Marketing, Suchmaschinenmarketing, Display-Werbung oder andere digitale Kanäle sein.

Schritt 4: Erstelle deine Botschaft. Jetzt musst du deine Botschaft erstellen - das ist das, was du deiner Zielgruppe sagen möchtest. Es sollte kurz, prägnant und ansprechend sein, um ihre Aufmerksamkeit zu erregen.

Schritt 5: Erstelle deine Kampagne. Es ist Zeit, deine Kampagne zu erstellen! Erstelle Anzeigen, Grafiken, Videos oder andere Inhalte, um deine Botschaft zu verbreiten und die Aufmerksamkeit deiner Zielgruppe wach zu rufen. Stelle sicher, dass deine Kampagne auf allen Kanälen ist.

Schritt 6: Starte deine Kampagne. Sobald deine Kampagne erstellt ist, ist es Zeit, sie zu starten! Verbreite sie auf den ausgewählten Kanälen und verfolge die Leistung deiner Kampagne. Nutze Datenanalyse-Tools, um zu messen, wie erfolgreich deine Kampagne ist, und passe deine Strategie gegebenenfalls an, um sicherzustellen, dass du deine Ziele erreichst.

Schritt 7: Analysiere die Ergebnisse. Nachdem deine Kampagne beendet ist, ist es wichtig, die Ergebnisse zu analysieren, um zu sehen, was gut funktioniert hat und was nicht. Verwende diese Erkenntnisse, um deine zukünftigen Kampagnen zu verbessern und erfolgreicher zu machen.

Das waren die Schritte zur Erstellung einer Onlinemarketing-Kampagne!

Es ist ein aufregender und kreativer Prozess, der viel Planung und Arbeit erfordert. Aber wenn du eine erfolgreiche Kampagne erstellst, kann es deinem Vorhaben wirklich helfen, auf die nächste Stufe zu kommen!

Mit jedem Schritt schaffst du es bis ganz oben!

10. Onlinemarketing Begriffe

Super, dass du es bis hierhir geschafft hast! In diesem Kapitel möchte ich dir noch die wichtigsten Onlinemarketingbegriffe vorstellen. Ich empfehle dir diese Begriffe gut zu lernen und im Handumdrehen bist du ein Superheld, ein Superstar oder ein Detektiv auf der magischen Ebene im Onlinemarketing. Und denk immer daran Spaß zu haben – den nur dann wird das Lernen zum Kinderspiel!

Hier nun die Begriffe:

- SEO:

    Search Engine Optimization - die Optimierung von Webseiten, um in Suchmaschinen besser gefunden zu werden.

- SEA:

  Search Engine Advertising - die Platzierung von Anzeigen in Suchmaschinen, um Traffic zu generieren.

- PPC:

  Pay-Per-Click - eine Form der Werbung, bei der der Werbetreibende für jeden Klick auf die Anzeige bezahlt.

- CTR:
- Click-Through-Rate - das Verhältnis von Klicks auf eine Anzeige zu deren Impressionen.

- Impressions:

  Die Anzahl der Mal, bei denen eine Anzeige angezeigt wurde.

- Conversion:
  Wenn ein Besucher einer Website eine gewünschte Aktion ausführt, z.B. einen Kauf tätigt.

- Landing Page:
  eine spezielle Seite auf einer Website, die erstellt wurde, um Besucher zu einer bestimmten Aktion zu verleiten.

- Call-to-Action (CTA):
  eine Aufforderung auf einer Website, die Besucher zu einer bestimmten Aktion auffordert.

- Content-Marketing:
  die Erstellung und Verbreitung von Inhalten, um potenzielle Kunden anzuziehen und zu binden.

- Social-Media-Marketing:

  Die Verwendung von sozialen Netzwerken, um das Publikum anzusprechen, zu bewerben und zu interagieren.

- E-mail-Marketing:

  Das Versenden von kommerziellen Nachrichten an eine Liste von E-Mail-Abonnenten.

- Affiliate-Marketing:

  Die Verwendung von Partnerprogrammen, um Produkte und Dienstleistungen zu bewerben.

- Influencer-Marketing:

  Die Zusammenarbeit mit Personen, die auf Social Media eine große Reichweite haben, um Produkte oder Dienstleistungen zu bewerben.

- Remarketing:
  Das Wiederansprechen von Besuchern einer Website, die zuvor Interesse gezeigt haben, aber nicht konvertiert sind.

- A/B-Testing:
  Das Testen von zwei verschiedenen Versionen einer Anzeige, einer Landing Page oder einer E-Mail, um zu sehen, welche besser abschneidet.

Ich hoffe, diese Liste ist hilfreich! Es gibt noch viele weitere Begriffe im Onlinemarketing, die du auf der Website: www.marketingwissen.ch findest.

Über mich - den Autoren

Hallo, ich bin Buddy Toe, ein Onlinemarketing-Spezialist, der es liebt, sein Wissen mit anderen zu teilen. Während meines Studiums im Onlinemarketing & Brandmanagement hatte ich Schwierigkeiten, den Inhalt der Fachbücher auf Anhieb zu verstehen, da sie oft zu kompliziert geschrieben waren. Und ich war nicht allein. Viele meiner Kommilitonen hatten die gleichen Probleme.

Also begann ich damit, Zusammenfassungen in einer kinderleichten Sprache für mich selbst zu schreiben. Ich bemerkte sofort, dass sobald man die Grundlagen versteht, das Lernen mit den vielen akademischen und/oder auch wissenschaftlich geschriebenen Büchern überhaupt kein Problem mehr darstellt.

Ich teilte meine Zusammenfassungen mit meinen Mitstudenten, die überrascht und erfreut waren, sodass das Studium für uns alle wieder Spaß machte.

Ich glaube, dass Wissen kein Privileg sein sollte, das nur wenigen zugänglich ist. Deshalb habe ich mich entschieden, meine einfache Art der Wissensvermittlung mit der ganzen Welt zu teilen.

Ich glaube, dass das Verständnis der Grundlagen der Schlüssel zum Erfolg ist - nicht nur im Onlinemarketing, sondern in allen Bereichen des Lebens.

Ich liebe es, anderen zu helfen, ihre Ziele zu erreichen, indem ich ihnen das Wissen und die Werkzeuge zur Verfügung stelle, die sie brauchen, um erfolgreich zu sein.

Ich denke, dass wir Menschen durch Wissen und Bildung alles erreichen können, was wir uns vorstellen können - von der Gründung eines eigenen Unternehmens bis hin zur Entdeckung neuer Technologien.

Deshalb bin ich hier - um Wissen zu teilen, um anderen zu helfen, ihre Träume zu verwirklichen und um unseren Planeten zu einem besseren Ort zu machen.

Ich plane, in naher Zukunft weitere Bücher zu schreiben, um tiefer in die verschiedenen Fachdisziplinen des spannenden Onlinemarketings einzutauchen. Also Freunde, bis bald, viel Erfolg und vor allem Spaß beim Lernen und Anwenden.

Alles Gute
Buddy Toe